JFA
表彰状
優 勝 青森山田高等学校
AOMORI YAMADA

青森山田
決 勝
GATE 1

決勝
青森山田（青森）× 近江（滋賀）
ともに全力で

AOMORI
YAMADA
13
AOMORI
YAMADA
11
AOMORI
YAMADA
8

決勝 先制ゴールを決めた福島⑬

AOMORI

決勝 勝ち越し弾の米谷

PK戦で強さを発揮した
GK鈴木

AOMORI

主将と10番

「すごいやつがいるな」。4年前の春、青森山田中に転入してきたMF芝田玲の視線は、1人の同学年選手に引きつけられていた。技術の高さはもちろん、主将としてチームをまとめる姿に「人としての強さ」を感じた。それがDF山本虎だった。

山本は年代別代表候補に選出され、中学生ながら青森山田高トップチームの練習に飛び級で参加。3学年上のDF藤原優大（現J2大分）ら先輩の中で臆せずプレーしていた。

芝田にとって常に先を行く存在だった山本だが、高校入学後は負傷に泣いた。1年時に第5中足骨を骨折。2年時には第4中足骨を疲労骨折し、2週間離脱した。

2年時の7月下旬に行われた全国高校総体。山本は先発出場したが、本来の動きとは遠く、チームはまさかの初戦敗退に終わった。思うような成長曲線を描けず、山本は「正直腐りかけていた」。

同じくこの試合に先発した芝田はそんな山本を許せなかった。「虎は人としての強さを失っていた。けがで周囲の期待に応えられない状況から逃げている」と感じた。「お前、このままでいいのか。俺が知っているお前じゃない」。試合後、強い口調で迫った。

「この言葉に救われた」と山本。当時はモチベーションが上がらず、誰とも会話すらしたくない状況だった。「そんな自分に対して、なぐさめるのではなく、期待して厳しいことを言ってくれていた。ありがたかった」

2年時の前回選手権は全試合ベンチから芝田ら先発組のプレーを見守った山本。「来年は自分が引っ張る」と奮起し、主将に就任した今季は最終ラインの要としてフル稼働。今大会は相手エースのシュートを闘志あふれるスライディングで防ぐなど、言葉以上にプレーでチームを引っ張った。芝田は青森山田伝統の背番号10を付け、司令塔として攻撃のタクトを振るい、力強い言葉で仲間を鼓舞した。

決勝戦後の優勝セレモニー。歓喜の輪の中心には山本と芝田がいた。芝田は「虎ができないときは自分がやるし、自分ができないときは虎がやる。互い

AOMORI YAMADA
4
ATHLETA
9

の心を見ながらチームを引っ張ってきた」。そして、はにかみながらこう続けた。「虎がキャプテンだったから日本一になれた。信じて良かった」

102nd ALL JAPAN HIGH SCHOOL SOCCER TOURNAMENT
ともに全力で
優勝
AOMORI YAMADA
表彰状
青森山田高等学校
賞状
青森山田高等学校 殿

青森山田 2冠の軌跡

2024年1月8日に東京・国立競技場で行われた第102回全国高校サッカー選手権決勝で近江（滋賀）を3―1で破り、2大会ぶり4度目の頂点に立った青森山田。今季はJクラブのユースチームを含めた高校世代日本一を決める高円宮杯プレミアリーグ・ファイナルも制し、高校主要タイトル2冠を達成した。28年間指揮を執った黒田剛前総監督の後を継いだ正木昌宣監督にとっては、就任直後の前回大会準々決勝で敗れた悔しさを晴らす形での王座奪還。「試行錯誤しながらやってきたことが報われた。選手に感謝しかない」と目を潤ませた。

Contents

1 巻頭ハイライト

全国高校サッカー選手権

12 2回戦
14 3回戦
16 準々決勝
18 準決勝
22 決勝
30 大会総括
31 データで見る選手権
32 登録メンバー紹介
34 強さの背景と展望
37 背番号22 正木監督と選手権
38 応援 優勝パレード
40 青森県大会27連覇
42 プレミア制覇
46 メッセージ
48 新チーム始動

ともに全力で
優勝
AOMORI YAMADA

第102回全国高校サッカー選手権 全成績

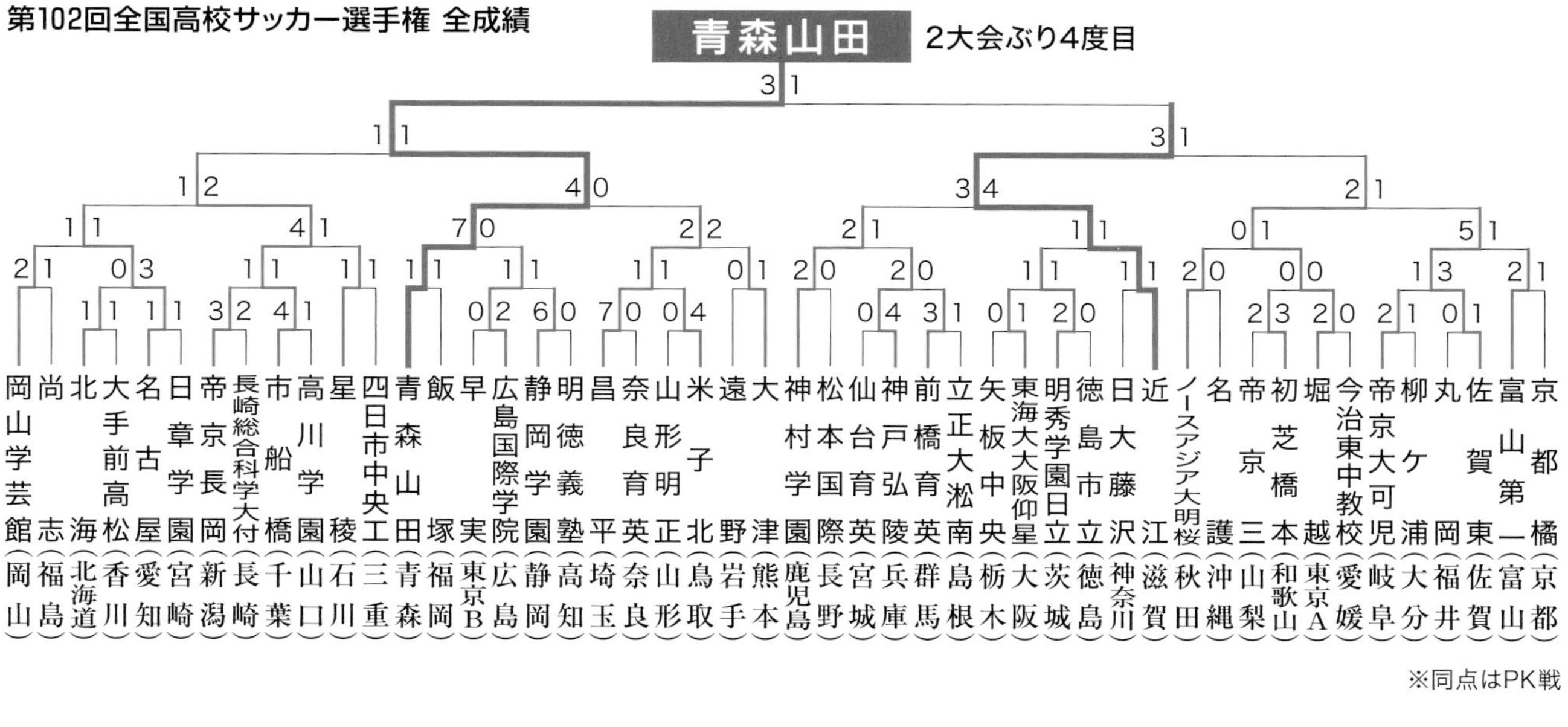

青森山田
2大会ぶり4度目
岡山学芸館（岡山）
尚志（福島）
北海（北海道）
大手前高松（香川）
名古屋（愛知）
日章学園（宮崎）
帝京長岡（新潟）
長崎総合科学大付（長崎）
市船橋（千葉）
高川学園（山口）
星稜（石川）
四日市中央工（三重）
青森山田（青森）
飯塚（福岡）
早実（東京B）
広島国際学院（広島）
静岡学園（静岡）
明徳義塾（高知）
昌平（埼玉）
奈良育英（奈良）
山形明正（山形）
米子北（鳥取）
遠野（岩手）
大津（熊本）
神村学園（鹿児島）
松本国際（長野）
仙台育英（宮城）
神戸弘陵（兵庫）
前橋育英（群馬）
立正大淞南（島根）
矢板中央（栃木）
東海大大阪仰星（大阪）
明秀学園日立（茨城）
徳島市立（徳島）
日大藤沢（神奈川）
近江（滋賀）
ノースアジア大明桜（秋田）
名護（沖縄）
帝京三（山梨）
初芝橋本（和歌山）
堀越（東京A）
今治東中教校（愛媛）
帝京大可児（岐阜）
柳ケ浦（大分）
丸岡（福井）
佐賀東（佐賀）
富山第一（富山）
京都橘（京都）

※同点はPK戦

2回戦

2023.12.31　浦和駒場スタジアム

青森山田 1 0−0 1−1 PK5−3 **1 飯　塚**（福岡）

飯塚（福岡）との初戦は後半24分、自陣でボールを奪われ、相手FW原翔に先制点を許したが、34分にFW米谷（青森市出身）がヘディングシュートを決めて同点に追いついた。1―1のまま突入したPK戦ではGK鈴木（同）が相手の2人目のシュートを止め、5―3で勝利した。

AOMORI YAMADA SOCCER
AOMORI
YAMADA
1
PK戦で好セーブを見せ、雄たけびを上げるGK鈴木

飯塚の2人目のシュートを止める鈴木

鈴木好セーブPK戦制す

静まり返るスタジアムで、青森山田のGK鈴木は自らの感覚だけを信じた。勢いよく左に跳び、シュートをはじき返した。

試合終盤に米谷のゴールで追いつき、迎えたPK戦。鈴木は毎日行ってきたPK戦の練習を思い出し、「いつも通りやれば止められる」と念じた。ゴールの中に入って片膝をつき、相手選手がボールをセットすると、ゴールラインにそびえ立つ。「来いっ」。大きく手を広げ、189センチの身長以上の威圧感を与える普段通りのルーティーンを徹底し「自分の流れで臨めた。しっかり仕事ができた」と胸を張った。

前回選手権では3回戦でPK要員として途中出場し、PK戦で2本を止めた。だが、大会前の負傷の影響で先発出場は一度もなく「悔しさが残った」。今季は食生活から見直し、けがをしない体づくりに着手。高円宮杯プレミアリーグ、選手権県予選ともに全試合で先発出場し、正木監督から「うちには必ず止めてくれるGKがいる」と絶大な信頼を得るほどに成長した。

保護者やチームスタッフから「ひやひやした」との声が漏れるほど苦しんだ一戦。守護神がチームを救い、高校世代2冠へスタートを切った。

PK戦

先攻 青森山田

④○―○⑨
⑩○―×⑩
⑥○―○⑭
②○―○⑥
⑮○―

青森山田
SYSTEM 4-1-4-1
SYSTEM 4-4-2
飯塚
3 小沼
8 川原（⑮齊藤）
19 永田朔（⑰大橋）
2 深川
4 山本
13 福島（⑨津島）
9 原翔
6 永原
4 坂本
1 鈴木
6 菅澤
11 米谷
1 松﨑
5 小泉
10 芝田
11 大園
10 溝口
14 岩瀬
2 小林
14 杉本（⑯後藤）
13 久保
5 藤井

米谷（後半34分）　**得点**　原翔（後半24分）

圧巻7ゴール 米谷ハット

3回戦

2024.1.2　浦和駒場スタジアム

青森山田 7　1−0 6−0　0 広島国際学院

広島国際学院との3回戦は7—0で快勝した。前半12分、FW米谷（青森市出身）が左足で決めて先制。後半3分にMF杉本のシュートが相手のオウンゴールを誘い2—0とすると、その後は足の止まった相手を翻弄し、21分からの10分間で4得点。米谷がハットトリックを達成し、いずれも途中出場のFW津島（青森市出身）、FW山下、MF後藤も得点を挙げた。

AOMORI YAMADA

後半22分、途中出場のFW津島がゴールを決める

動きが硬く、苦しんだ初戦の鬱憤（うっぷん）を晴らすかのような鮮やかなゴールラッシュだった。

「サイドの攻略がポイントになる」。相手センターバックの守備が堅いとの分析から、正木監督は今季のチームの武器であるサイド攻撃を徹底させた。選手らは横パスやロングパスを効果的に使い、両サイドMFの川原と杉本にボールを供給。「出し惜しみせずどんどん仕掛けた」（川原）と、2人は鋭いドリブルで相手守備陣を崩し、好機を演出した。

その戦略が実り、川原のクロスからFW米谷が決めた先制点、杉本のシュートがオウンゴールを呼んだ2点目で試合の主導権をがっちりとつかんだ。両サイドの対応に苦労した相手は体力を削られ、後半途中から足が止まり、大量得点につながった。

中1日が続く過密日程で、主力選手を交代させる余裕も生まれた。途中投入の津島、山下の両FW、MF後藤が得点を奪い、選手層の厚さを見せつける充実の内容。川原は「この感覚を忘れずにプレーしたい」と手応え十分に語った。

後半24分、FW米谷（左）がゴール前で押し込みハットトリックを決める

青森山田 SYSTEM 4-1-4-1

1 鈴木
3 小沼（⑦谷川）
4 山本
5 小泉
2 小林
6 菅澤
8 川原（⑯後藤）
13 福島（⑨津島）
10 芝田
14 杉本（⑰別府）
11 米谷（⑱山下）

広島国際学院 SYSTEM 4-4-2

1 片渕
2 藤井海
4 茂田
3 水野
23 岡田
13 萩野
7 渡邉
6 長谷川
5 島川（⑲岩本）
11 野見
14 戸山（⑩石川）

得点
米谷（前半12分）、OG（後半3分）、米谷（後半21分）
津島（後半22分）、米谷（後半24分）
山下（後半31分）、後藤（後半40分+4分）

準々決勝

2024.1.4　浩和駒場スタジアム

青森山田	4	3−0 1−0	0	昌　平（埼玉）

高校世代最高峰の高円宮杯プレミアリーグ勢同士の対戦となった準々決勝は、序盤の連続得点で試合の主導権を握り、圧倒した。2年生のDF小沼の先制点を皮切りに、DF小泉（おいらせ町出身）、MF芝田が得点を挙げ、前半だけで3ゴール。後半にも小泉がこの日自身2得点目を決め、突き放した。

AOMORI YAMADA
10

チーム3点目のゴールを決めて喜ぶMF芝田

開始4分で2得点。青森山田がエンジン全開で昌平ゴールに襲いかかった。

キックオフの笛が鳴り28秒。DF小林が相手をかわしてクロスを上げ、FW米谷（青森市出身）がボレーシュートを放った。会場がどよめく中、このプレーで獲得したコーナーキックのこぼれ球をつなぎ、MF芝田が高精度のクロス。「最高のボール」とファーサイドで待ち構えたDF小沼が右足で蹴り込んだ。前半2分で奪った先制点。勢いそのままに2分後、フリーキックを起点にDF小泉がネットを揺らした。

昌平の最終ラインは身長170センチ前半の選手が多く、空中戦を苦手とする。「高さはわれわれに分がある」と正木監督。クロスボールやセットプレーを得点につなげる狙い通りの形だった。その後は「やりやすい展開になった」（正木監督）ことで高い個人技を誇る相手に対し、各選手が落ち着いた守備で対応できた。

青森山田は3回戦までの2試合で8得点。このうち、前半に挙げ

前半2分、先制点を決めて喜ぶDF小沼

序盤で主導権 2年小沼が先制弾

青森山田
SYSTEM 4-1-4-1
3 小沼
4 山本
1 鈴木
5 小泉
2 小林
6 菅澤（⑦谷川）
10 芝田
8 川原（⑯後藤）
13 福島（⑱山下）
11 米谷（⑰別府）
14 杉本（⑨津島）
SYSTEM 4-4-2
昌平
18 前田（⑬西嶋）
15 鄭（⑪長璃）
9 小田
7 土谷（⑭山口）
8 大谷
10 長準
5 田中瞭
4 佐怒賀
2 坂本
3 上原（⑫工藤）
1 佐々木智

得点
小沼（前半2分）、小泉（前半4分）
芝田（前半19分）、小泉（後半4分）

たのは1点のみで、立ち上がりの攻撃が課題だった。小林は「最初のプレーでチームを勢いづけられた。課題を克服できた」と笑顔を見せた。

先発唯一の2年生の小沼は次戦へ「大好きな先輩たちと国立でプレーできるのはうれしい。市船を倒して決勝に行く」と力を込めた。

準決勝

2024.1.6　国立競技場

青森山田 1　1−0 0−1 PK4−2　**1 市船橋**（千葉）

優勝経験のある市船橋（千葉）との準決勝は、1—1からのPK戦の末、勝利を収めた。青森山田は前半11分にDF小泉（おいらせ町出身）のヘッドで先制。後半34分に同点とされて突入したPK戦ではGK鈴木（青森市出身）が2本を止め、激戦を制した。

PK戦で5人目として登場、冷静なキックでチームの勝利を決めたFW米谷

わずかに頬を膨らませて短く息を吐くと、細かいステップを刻みながら決勝進出を決めるPK戦5人目のキックをゴール左隅に流し込んだ。市船橋の堅守に90分間苦しんだエースFW米谷（青森市出身）は最後の最後に大仕事を成し遂げると、右手を突き上げて青森山田の仲間たちが陣取るバックスタンド側に全力疾走。試合後の取材では、「PKはずっと練習してきた。部員200人分の思いを背負って決めることができた」と安堵の表情を浮かべた。

今大会は得点ランキング2位の4得点と気を吐くが、この日は相手守備陣の厳しいマークを受け、ゴール前での動きを封じられた。「守備の時間が長くなってしまい、（少ない決定機の）1本も決めきれなかった」と反省を口にする。

最前線を主戦場としながらも、相手の攻撃時には自陣深くまで下がって守備をするプレーエリアの広さが持ち味。後半、相手にボールを持たれた時間帯には同点弾をアシストしたMF太田隼の動きに対応できず、「守備がはまらない時間帯を試合中に改善できれば、もっと流れが（良い方に）変わったと思う」と振り返った。

PKで王手 鈴木2セーブ

試合終盤に追いつかれ、嫌な流れで突入したPK戦。2万9千人の観客の視線が一身に集まる中でも、GK鈴木は冷静だった。相手のシュートモーションに最後まで目を凝らし、完璧にコースを読み切った。

「キックがうまい相手の1人目を止めれば、流れに乗れる」。ゴールの中に入って片膝を突き、そう思った。審判が笛を吹いてから蹴るまでに20秒以上をかけ、じらしてくる相手の策に乗ることなく、動きをぎりぎりまで見極めた。自信を持って右に跳び、両手でストップした。

その後、先攻の青森山田4人目のキッカー・小林が失敗。天を仰ぐ姿を見て、すぐさま駆け寄った。「大丈夫。俺が止めるから安心しろ」。決められれば同点に追いつかれる状況にも、焦りや気負いはなかった。自分がまた止めればいいだけ—。相手の4人目と対峙（たいじ）すると、今度は左へ跳んでシュートをはじき出した。

他チームでは相手のデータを踏まえて跳ぶ方向を決めるGKが多い中、「データを頭に入れてもうまくいかない。自分の感覚を大事にしている」と鈴木。日々のPK練習でレベルの高いチームメートのキックを受け続け、磨いてきた感覚を信じた。

PK戦で市船橋4人目のキックを止めるGK鈴木

前半11分、コーナーキックにDF小泉（中央上）が頭で合わせ先制

身長190センチを誇るDF小泉が、攻守で市船橋を圧倒した。豪快なヘディングシュートを沈め、市船橋のエースストライカーを完璧に封じ込めた。小泉は「練習してきたヘディングを国立で出せてすごくうれしい。ゴールに入った瞬間は最高だった」と満面の笑みで喜んだ。

自慢の高さを名門校相手に存分に見せつけた。前半11分、MF芝田の左コーナーキックの好機。同じく高身長のDF山本（青森市出身）の動きを見て、後方から反対方向に走り込んだ。「自分の高さは誰にも負けない」と、勢いそのままに高い打点でたたきつけたボールがゴールネットに突き刺さると、右手で名字の頭文字「K」サインをつくりスタンドへ駆け出した。

本職の守備でも体を張った。得点ランキングトップの相手FWに対しては「くっつき過ぎると一瞬のスピードで抜かれる。ファーストタッチ際を狙い、前を向かせないことを一番に考えた」と冷静に対処。相手攻撃陣に押し込まれる時間帯が多かった後半も、粘りの守備で奮闘した。

「高校生活で一番悔しかった」という昨夏のインターハイ3回戦負けをばね

体を張って相手の攻撃を止めるMF菅澤（手前）

先制ゴールを決め喜ぶDF小泉⑤

PK戦

先攻 青森山田

❹○－×❼
❿○－○❽
❻○－○❷
❷×－×⓰
⓫○－

青森山田
SYSTEM 4-1-4-1
SYSTEM 4-4-2
市船橋
❸ 小沼
❽ 川原 (⑯後藤)
❹ 山本
⓭ 福島 (⑨津島)
❶ 鈴木
❻ 菅澤
⓫ 米谷
❺ 小泉
❿ 芝田
❷ 小林
⓮ 杉本 (⑮齊藤)
⓫ 佐々木 (⑬須甲)
❷ 佐藤
⓯ 久保原 (⑯岡部)
❻ 白土
❹ 宮川
❶ ギマラエス
❿ 郡司
❼ 太田隼
❺ 五来
❽ 足立
❸ 内川

小泉(前半11分) **得点** 久保原(後半34分)

に、心身ともに成長。4度目の栄冠まであと1勝に迫った。小泉は「青森山田のエンブレムを背負ってできるのもあと1試合。3年間やってきたこと全てをぶつける。チームに貢献したい」。柔らかだった表情を引き締め、闘志を燃やした。

決勝

2024.1.8
国立競技場

米谷 抜け出したV弾

青森山田 3 1－0 2－1 **1 近 江**（滋賀）

5万5,000人の観客が見守った決勝で青森山田は近江（滋賀）を3—1で破り、全国3,842校の頂点に立った。

前半33分、右クロスを受けたMF福島が右足で決めて先制。後半2分、ドリブル突破で守備を崩され、同点に追いつかれたが、15分、ゴール前に抜け出したFW米谷（青森市出身）がドリブルで相手GKをかわし、今大会得点ランキングトップに並ぶ5得点目を決めて勝ち越した。25分にはMF杉本のシュートが相手のオウンゴールを誘い、突き放した。守備ではドリブルとパスワークを駆使して攻め込んでくる近江に対し、球際の強さと素早いプレスで対応し、その後は得点を許さなかった。

青森山田は今大会を通じて警告数は0。フェアプレー賞を受賞した。

青森山田中学時代を含め、6年分の思いがこもったシュートだった。エースストライカーのFW米谷が、チームを2大会ぶりの頂点へと導く一撃。大会を通じて5点を挙げた得点王は「自分だけではなく、部員205人全員の

後半15分、相手GKをかわしたFW米谷が勝ち越し点を挙げる

ゴール。この仲間と出会えたことは自分の人生で一番の幸せだし、宝物。一生忘れない」。試合終了を告げるホイッスルが鳴り響くと、涙がこぼれた。

エースの右足が1‐1の均衡を破った。後半15分、GK鈴木からのロングフィードをMF福島が頭で送り、MF川原がワンタッチでゴール前へスルーパス。パスを受けた米谷は鍛えたフィジカルを発揮して、激しい守備にも動じず。「自然に冷静な判断でかわせた」とGKも抜き去り、ゴールへ流し込んだ。

1、2年時は応援席でピッチを見つめた。高校サッカー最後の本年度は「得点王になる」と目標を掲げ、苦しむチームを救う、勝負強いFWを目指して努力を重ねた。「6年間、雪の中できつい時もあった。自分がこのままやっていて日本一になれるのかなと思った時もあった。でも、この仲間と一緒にいたから乗り越えられた」。一緒に走り続け、支えてくれた仲間への感謝のゴールとなった。

決勝弾は、同校が初出場した1991年度第70回大会の初ゴールから数え、200ゴールの節目。後半終了間際の交代時には、正木監督に「最高だよ」と抱き締められ、「1年間、そんなに褒められたことがなかったので、とてもうれしかった」。勝利の立役者は優しくはにかんだ。

黄金の結束力

試合が終わった瞬間、ガッツポーズで喜ぶ主将山本

主将山本「最高の仲間」

歓喜に沸くスタンドに両手を突き上げた。「日本一の景色だ」。主将を務める山本（青森市出身）は高校入学後、度重なる負傷に悩まされた。プレーできない悔しさを知るからこそ、今大会でピッチに立てなかったメンバー外の選手たちの思いを背負い、205人の「青森山田ファミリー」で戦った。

「高校の半分以上はけがとの闘いだった」。1年時から2年連続で右足の甲を疲労骨折。昨年1月には右膝を痛めて離脱した。苦しむ山本に影響を与えたのは2学年上のDF大戸太陽（東海大2年）。主力DFだった大戸は第100回大会県予選決勝前に左膝前十字靱帯を損傷。足の甲を痛めていた山本とともにリハビリを行いながら、練習の準備をしたり、仲間に助言を送ったりとサポート役に徹した。

大戸のために―と一丸になったチームは選手権で優勝。若松佑弥トレーナーは「大戸の世代はチームのために何ができるかを考えることができていた。プレーできなくても力を尽くす大切さを虎は学べたと思う」と振り返る。

現チーム発足と同時に主将に任命された山本。大戸の世代や、準々決勝で敗退した1学年上の世代を間近で見て「部員全員が勝利に向けて同じ気持ちを持つことが優勝には必要」とチームの一体感の醸成に気を配った。

発信力のあるMF芝田ら同学年選手のサポートもあり、例年以上に選手同士で話し合いを重ね、時にはチームに喝を入れた。昨年秋、主力選手が私生活でチーム規律に反し、指導陣から公式戦1試合出場停止のペナルティーを受けると「トップチームにいる自分たちが私生活からきちんとしないといけない」と厳しく律した。

プロ内定者や圧倒的な力を持つ選手は不在。それでも正木監督が「近年で最も一体感がある」と評するほどのチームに成長した。優勝候補がそろった最激戦ブロックに入った今大会では組織力を武器に勝ち上がった。FW米谷（青森市出身）が「苦しくなったらスタンドの選手を見る」と言うようにメンバー外の選手たちの声援が力を与え、終盤で同点に追いつき、勝利した試合もあった。

表彰式で優勝カップを掲げた山本。これまでの悔しさを思い出すより、ただただ、うれしさが勝った。「部員205人でつかんだ優勝。最高の仲間と日本で一番長い冬を過ごせたことを誇りに思う」。満面の笑みで語った。

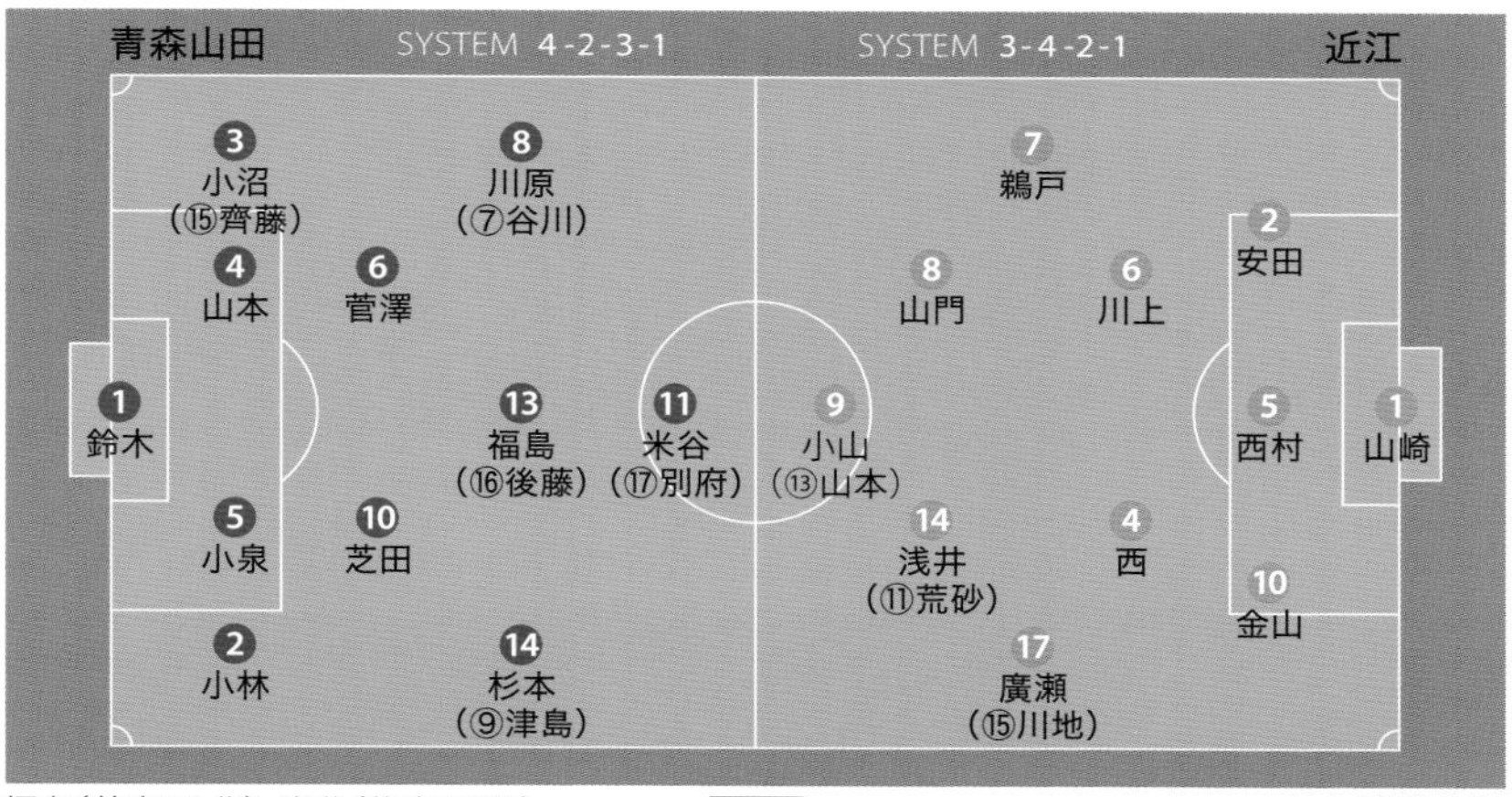

青森山田
SYSTEM 4-2-3-1
SYSTEM 3-4-2-1
近江
3 小沼 (⑮齊藤)
8 川原 (⑦谷川)
4 山本
6 菅澤
1 鈴木
13 福島 (⑯後藤)
11 米谷 (⑰別府)
5 小泉
10 芝田
2 小林
14 杉本 (⑨津島)
7 鵜戸
2 安田
8 山門
6 川上
9 小山 (⑬山本)
5 西村
1 山崎
14 浅井 (⑪荒砂)
4 西
10 金山
17 廣瀬 (⑮川地)

福島（前半33分）、米谷（後半15分）
OG（後半25分）

得点

山本（後半2分）

AOMORI
YAMADA
後半25分、青森山田のMF杉本⑭のシュートがオウンゴールを誘い３ー１

AOMORI
YAMADA
後半40分から途中出場した津島（青森市出身）

AOMORI
YAMADA
2年生で決勝の舞台に立った
MF谷川（八戸市出身）

TOYOT
住まい探しは、SUU

前半33分、先制ゴールを決める青森山田のMF福島

試合開始から近江の個人技と細かいパス回しに翻弄（ほんろう）され、嫌なムードが漂いかけた青森山田に先制点を呼び込んだのは、今大会準決勝まで無得点のＭＦ福島。前半33分、右サイドのＭＦ杉本から上がったワンバウンドのクロスを胸でトラップすると、素早く右足を振り抜いてゴールネットを揺らし、「良い形でボールが入ってきたので、自分がやってきたことを信じて振り切るだけだった。気持ちのこもった一振りだったと思う」と笑顔で振り返った。

出身地の大阪から青森山田高に入学したが、２年途中まではトップチームに入れず、悔しさを味わった。「試合に出られず、すごく苦しかった。報われないのかなと思ったが、こうやって最後に決められてうれしい」と語る。

現チームでは春先からトップ下のレギュラーとして定着し、派手さはないが、セカンドボールの奪取など献身的なプレーで貢献。高円宮杯プレミアリーグ東地区の優勝を決めた今季最終節（対ＦＣ東京ユース）では値千金の先制弾をたたき込むなど勝負強さも身につけ、欠かせない存在に成長した。

「プレミア優勝を懸けた試合で決めて、今日も（選手権の）優勝を懸けた試合だったので、自分の中では絶対決めてやろうという気持ちがあった」と福島。

卒業後は、今季の全日本大学サッカー選手権で準優勝した京都産業大に進学する。「ここで終わりではなく、大学でもどんどん成長できるように頑張りたい」と力を込めた。

2大会ぶりの優勝を決め、胴上げされる
就任2年目の正木監督

NAMENT
ともに全力で
優　勝
NERS
2024.1.8
FINAL
102

102nd ALL JAPAN HIGH SCHOOL SOCCER
102nd ALL JAPAN
HIGH SCHOOL
SOCCER TOURNAMENT
AOMORI YAMADA

声出し応援が全面的に解禁されるなど新型コロナウイルス感染拡大前の風景が戻った第102回全国高校サッカー選手権は、優勝候補筆頭の青森山田が前評判通りの勝負強さを見せつけて3842校の頂点に立った。静岡学園や尚志（福島）といった優勝候補が早々と姿を消す波乱もあったが、裏を返せば全体のレベルが底上げされた結果とも言えるだろう。直近10大会で4度の優勝、2度の準優勝を飾った「令和の絶対王者」青森山田であっても、王座を守り抜くのは容易ではない。

決勝で青森山田の前に立ちはだかったのは、「Be Pirates（海賊になれ）」をスローガンに、予測不能かつ流動的な攻撃サッカーで優勝候補を次々と撃破して勝ち上がってきた近江（滋賀）。高校サッカー界の横綱とされる青森山田に対して、過去の大会では2回戦が最高成績だった新興勢力の近江がどのようにして立ち向かうのか、戦前から

前評判通りの勝負強さ見せつけた

サッカーファンの大きな注目を集め、会場の国立競技場には5万5千人余りの観衆が集った。

結果は、青森山田が試合巧者ぶりを発揮して3-1の快勝。近江も後半開始早々に同点に追いつく粘りを見せたが、最終的には青森山田のプレー強度に屈した形で敗れた。準々決勝で青森山田に敗れた昌平（埼玉）も近江と同様、テクニカルなサッカーで青森山田に真っ向勝負を挑んでおり、次回大会ではどのような策を練ってくるのか期待したい。

大会中には能登半島地震の影響で星稜（石川）の応援団が3回戦の試合会場に来られなくなり、2回戦で敗退した日大藤沢（神奈川）の部員らが代わりに応援を買って出た。星稜の3回戦対戦相手だった市船橋（千葉）の選手たちも試合前の記念撮影で「力をあわせて乗り越えよう」と記したカードを掲げるなど、勝敗を超えたサッカーファミリーの絆を感じられたのもハイライトの一つだった。

102nd ALL JAPAN HIGH SCHOOL SOCCER TOURNAMENT
ともに全力で
決勝
青森山田（青森）× 近江（滋賀）
青森県代表
青森山田

■全国高校サッカー選手権 青森山田の戦績

回(年度) ※丸文字は出場回数	結　果
田口光久 監督	
① 第70回(1991年度)	ベスト16
黒田 剛 監督	
② 第74回(95年度)	1回戦敗退
③ 第76回(97年度)	〃
④ 第77回(98年度)	2回戦敗退
⑤ 第78回(99年度)	〃
⑥ 第79回(2000年度)	ベスト4
⑦ 第80回(01年度)	2回戦敗退
⑧ 第81回(02年度)	ベスト16
⑨ 第82回(03年度)	〃
⑩ 第83回(04年度)	〃
⑪ 第84回(05年度)	〃
⑫ 第85回(06年度)	〃
⑬ 第86回(07年度)	2回戦敗退
⑭ 第87回(08年度)	1回戦敗退
⑮ 第88回(09年度)	準優勝
⑯ 第89回(10年度)	ベスト16
⑰ 第90回(11年度)	〃
⑱ 第91回(12年度)	〃
⑲ 第92回(13年度)	〃
⑳ 第93回(14年度)	1回戦敗退
㉑ 第94回(15年度)	ベスト4
㉒ 第95回(16年度)	優勝
㉓ 第96回(17年度)	ベスト16
㉔ 第97回(18年度)	優勝
㉕ 第98回(19年度)	準優勝
㉖ 第99回(20年度)	〃
㉗ 第100回(21年度)	優勝
正木昌宣 監督	
㉘ 第101回(22年度)	ベスト8
㉙ 第102回(23年度)	優勝

第95回　FW 鳴海

■第102回全国高校サッカー選手権 得点ランキング

順位	得点数	名　前	学校名
1位	5	米谷 壮史	青森山田
		郡司 璃来	市船橋
3位	3	小泉 佳絃	青森山田
		山門 立侑	近江
		鵜戸 瑛士	近江
		山本 諒	近江
		久保原 心優	市船橋
		名和田 我空	神村学園
		長 璃喜	昌平
		右近 歩武	佐賀東

第95回　MF 高橋

■大会優秀選手に選ばれた 青森山田のメンバー

GK	鈴木 将永
DF	山本 虎
	小泉 佳絃
	菅澤 凱
MF	芝田 玲
	杉本 英誉
FW	米谷 壮史

第100回　MF 松木

第98回　DF 藤原

■青森山田の歴代得点ランキング

順位	得点数	名　前	出場大会
1位	10	松木 玖生	第98、99、100回大会
2位	9	高橋 壱晟	第94、95回大会
3位	8	鳴海 彰人	第94、95回大会
4位	7	名須川 真光	第99、100回大会
5位	6	藤原 優大	第97、98、99回大会
6位	5	正木 昌宣	第76、77、78回大会
		ジュニーニョ	第78、79、80回大会
		武田 英寿	第97、98回大会
		安斎 颯馬	第98、99回大会
		米谷 壮史	第102回大会

FILM

第100回　FW 名須川

俺たちが一番強い!!

第102回
全国高校サッカー選手権

登録メンバー

①ポジション ②身長、体重 ③出身地
※写真は青森山田高校提供

5 小泉 佳紘（こいずみ かいと） 3年
①DF ②190cm、84kg
③おいらせ町

6 菅澤 凱（すがさわ とき） 3年
①DF、MF ②178cm、72kg
③大阪府

11 米谷 壮史（よねや そうじ） 3年
①FW ②172cm、64kg
③青森市

12 長谷川 龍也（はせがわ りゅうや） 3年
①GK ②189cm、82kg
③北海道

13 福島 健太（ふくしま けんた） 3年
①MF ②170cm、69kg
③大阪府

14 杉本 英誉（すぎもと ひでたか） 3年
①MF ②171cm、68kg
③岐阜県

19 池田 勇気（いけだ ゆうき） 3年
①DF ②169cm、64kg
③東京都

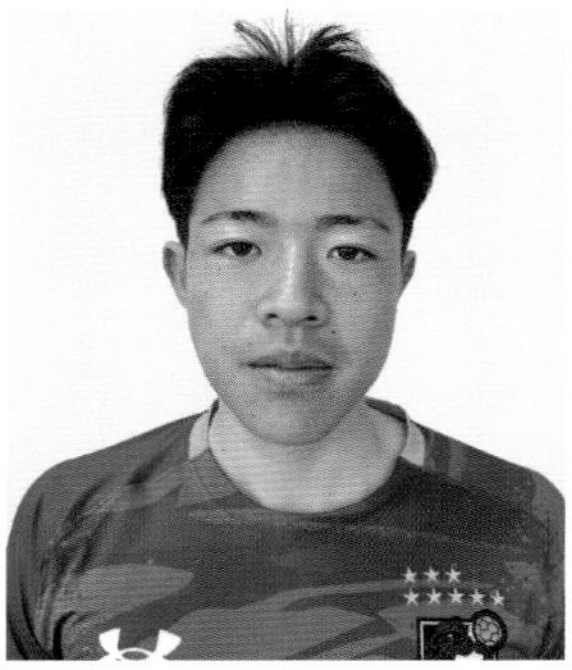

20 山口 元幹（やまぐち げんき） 2年
①MF ②178cm、71kg
③大阪府

21 伊藤 柊（いとう しゅう） 2年
①DF ②178cm、74kg
③宮城県

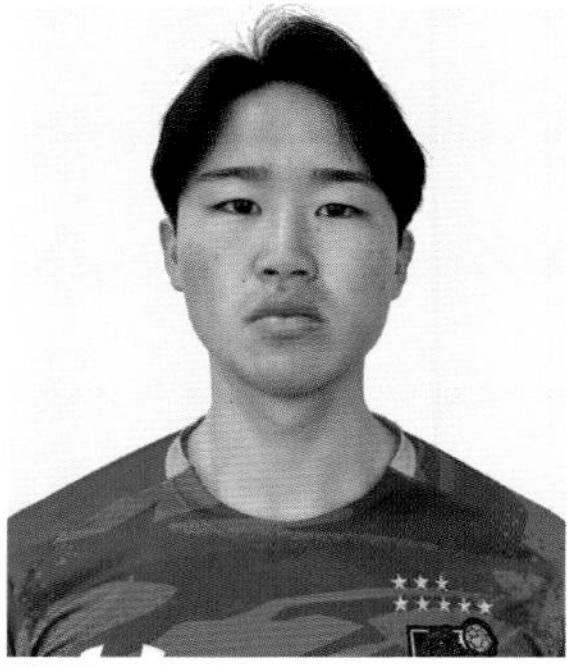

22 関口 豪（せきぐち ごう） 3年
①DF ②181cm、79kg
③栃木県

27 原田 慶吾（はらだ けいご） 3年
①DF ②174cm、69kg
③大阪府

28 大竹 尚哉（おおたけ なおや） 3年
①DF ②175cm、68kg
③千葉県

29 本田 陽大（ほんだ はるた） 3年
①DF ②174cm、69kg
③青森市

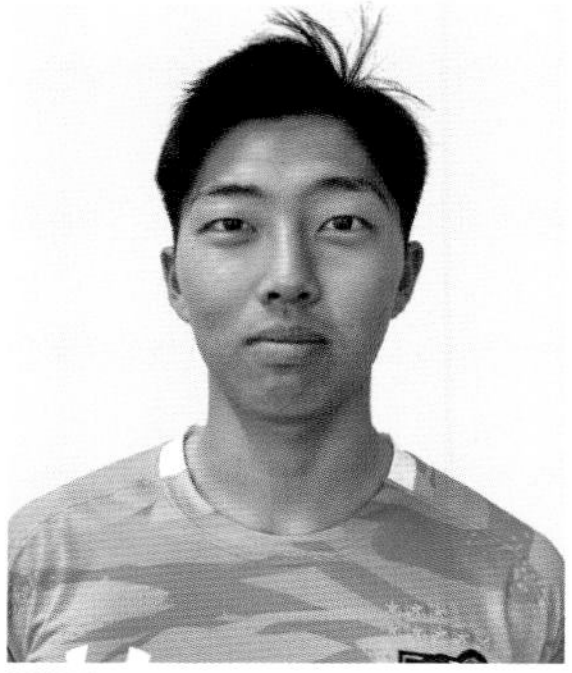

30 磯村 颯（いそむら はやて） 2年
①GK ②183cm、76kg
③愛知県

1 鈴木 将永（すずき しょうえい） 3年
①GK ②189cm、83kg
③青森市

2 小林 拓斗（こばやし たくと） 3年
①DF ②175cm、70kg
③大阪府

3 小沼 蒼珠（こぬま そうじゅ） 2年
①DF ②175cm、69kg
③東京都

4 山本 虎（やまもと とら） 3年 主将
①DF ②182cm、80kg
③青森市

7 谷川 勇獅（たにかわ ゆうし） 2年
①MF ②173cm、70kg
③八戸市

8 川原 良介（かわはら りょうすけ） 3年
①MF ②171cm、65kg
③埼玉県

9 津島 巧（つしま たくみ） 3年
①FW ②181cm、76kg
③青森市

10 芝田 玲（しばた れい） 3年
①MF ②170cm、65kg
③栃木県

15 齊藤 和祈（さいとう かずき） 3年
①MF ②176cm、73kg
③奈良県

16 後藤 礼智（ごとう らいち） 3年
①MF ②167cm、63kg
③静岡県

17 別府 育真（べっぷ いくま） 2年
①MF ②170cm、64kg
③埼玉県

18 山下 凱也（やました ときや） 3年
①FW ②169cm、62kg
③福岡県

23 小川 加偉（おがわ かい） 3年
①DF ②178cm、73kg
③山梨県

24 柿谷 敦月（かきや あつき） 3年
①DF ②175cm、69kg
③青森市

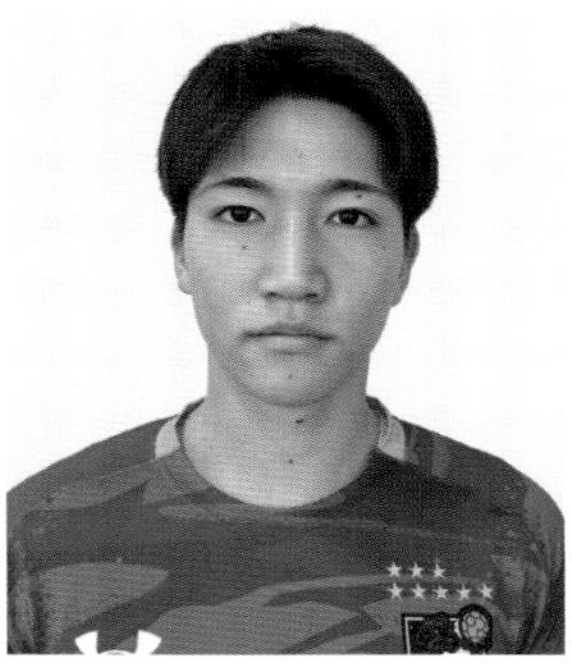

25 衣川 藍斗（ころもがわ あいと） 3年
①FW ②170cm、67kg
③宮城県

26 古川 遥貴（ふるかわ はるき） 3年
①MF ②172cm、68kg
③千葉県

二つの転機 屈辱糧に勝負強く

強さの背景と展望

AOMORI YAMADA
決勝で優勝を決め、喜ぶDF小泉（中央）ら青森山田の選手たち。最後まで試合巧者ぶりを見せつけた

第102回全国高校サッカー選手権は青森山田の2大会ぶり4度目の優勝で幕を閉じた。他の優勝候補が早々に姿を消し、波乱含みとなった今大会。就任2年目の正木昌宣監督率いる「新生青森山田」が番狂わせを許さず、前評判通りの強さを見せた背景と3冠を目指す次の世代を展望する。

「あの2試合があったから今がある。何が起きても焦らない」。青森山田のセンターバック小泉佳絃（3年）＝おいらせ町出身＝は全国高校サッカー選手権の期間中、こう語った。

高校世代3大タイトルのうち今季唯一、手の届かなかった全国高校総体（インターハイ）、苦しみながら頂点に立った高円宮杯プレミアリーグ。青森山田は選手権前の二つの大会を通して、屈辱を糧に劣勢をはね返すチーム力を身に付けた。

昨年7月の北海道インターハイ。明秀日立（茨城）と対戦した3回戦は「打倒青森山田」に息巻く相手の圧力にのまれた。球際で競り負け、終盤は焦りからミスが連鎖し決勝点を許した。

現チーム発足後、ベストメンバーがそろう中での敗戦は公式戦初めて。リーグ戦とは違う、トーナメント戦の一発勝負の怖さを知った選手たちは目の色を変えた。隙のない強い青森山田を取り戻す―。同校伝統の3原則「球際、切り替え、ハードワーク」に立ち返り、練習から互いのプレーを厳しく指摘し合う光景がこれまで以上に増えていった。

9月、チームにもう一つの転機が訪れる。プレミアリーグ・流通経済大柏（千葉）戦。敵地で2点を追いかける展開で、後半途中から身長190センチのDF小泉をFWのポジションに移すパワープレーを敢行した。同29分の小泉の得点を皮切りに怒濤の攻撃で3得点し逆転勝利。「劣勢でも最後は勝てる」。DF山本虎主将＝青森市出身＝が語るように、チームは自信を深めた。

同リーグで東地区優勝を飾り、東西王者が激突するリーグファイナルでも後半45分から2点を奪う逆転劇で日本一を手にした。

高校世代2冠が懸かる選手権。隙を排除し、勝負強さが増した青森山田の選手たちは躍動した。「大会で一番強い相手だった」と選手が声をそろえる飯塚（福岡）との初戦は1点を追う後半34分にFW米谷壮史（3年）＝青森市出身＝が同点弾を決めてPK勝ち。勢いに乗ると素早い切り替え、球際の強さを全試合で発揮し、頂点まで駆け上がった。

「夏からびっくりするくらい成長した」。優勝の歓喜に沸く教え子たちを見守りながら、正木監督は目を潤ませた。

指揮継承の正木監督 追加点奪う姿勢鮮明に

「『日本一を取る』という強い思いの1、2年生がいる。黒田総監督がいなくなっても（常勝軍団の）青森山田であり続けられるよう、選手と一緒に頑張っていきたい」

高校選手権連覇を狙った前回（2022年度）大会、準々決勝で神村学園（鹿児島）に敗れた青森山田の正木昌宣監督は試合後、悔しさを押し殺すように巻き返しを誓った。

当時の正木監督は、28年間にわたり青森山田の監督を務めた黒田剛氏の後を継いだばかり。J2町田の監督就任という衝撃的展開で〝黒田時代〟が幕切れとなり、選手がショックを受ける中で急きょ指揮を執った。「何が良かったとか、悪かったという感覚がないままあっという間に終わってしまった」と振り返る。

仙台大を卒業してから20年近く黒田氏の右腕として選手を指導してきただけに、前回大会後に発足した新チームでも「そんなにすぐ色を出せるものではない」と、黒田氏が重視した堅守速攻のスタイルを踏襲。U-17日本代表DF山本虎（3年）を主将に据え、守備からチームを構築した。

4月に開幕した高円宮杯プレミアリーグ東地区では伝統の勝負強さを見せつけ、初戦から無失点での3連勝など16勝3分け3敗で2大会ぶりの優勝。黒田時代に多く見られた最少得点の1-0で逃げ切るような試合は一度もなく、リードしていても追加点を奪いに行くという新たな色が出た。

夏の全国高校総体（インターハイ）では、苦い経験を成長につなげるというチームマネジメントも。3回戦で明秀日立（茨城）のカウンター攻撃に沈み、プレミアリーグで見せた色を出せないまま0-1で敗退した際には、選手たちに「何があっても動じない」「ピッチの中で改善できる柔軟性を」と説き、苦しい展開でも自分たちで対応を修正するよう促した。

インターハイと同じトーナメント形式による一発勝負の選手権ではその意識が生かされ、さまざまなスタイル

UNDER ARMOUR
11
11
4
決勝前日の調整で主将山本（中央）らに指示を出す正木監督（右）＝東京都内

の相手にも動じることなく頂点に。MF芝田玲（3年）は正木監督について「穏やかな雰囲気で自由度もある。自分たちが緩さを締め、正木さんが少し和ませるのがうまく調和して結果が得られた」と語る。

青森山田での選手時代に立つことができなかった国立競技場で日本一の高校監督として胴上げされ、「試行錯誤しながらやってきたことが報われた。選手に感謝しかない」と目を潤ませた正木監督。「黒田監督がつくったベースに自分は乗せてもらってるだけ」と謙遜しつつ、「1回優勝したことで欲が出てきそう」と新時代の幕開けを宣言した。

3回戦で実戦復帰した青森山田のMF谷川

層の厚さ維持が鍵 次なる世代

途中投入された選手たちがレギュラーと変わらぬ技術、プレー強度を見せた。中1日で試合が続いた全国高校サッカー選手権で青森山田は選手層の厚さを強みに、試合終盤でも攻守に力強さを保った。

現チームは、前回選手権のピッチに立ったMF芝田玲、MF谷川勇獅＝八戸市出身、DF小泉佳紘＝おいらせ町出身、GK鈴木将永＝青森市出身＝のほか、全試合ベンチ入りしたDF山本虎＝同市出身、高円宮杯プレミアリーグでコンスタントに出場機会を得ていたMF川原良介ら、下級生の頃から全国レベルを経験してきた選手が多い。

さらに、昨季はセカンドチームだったFW米谷壮史＝青森市出身、MF菅澤凱らが成長を遂げ、サード、4thチームからMF福島健太やFW山下凱也がはい上がった。

「選手層が厚くなれば競争が生まれる。激しい競争が選手同士に刺激を与える好循環になった」と正木昌宣監督。その結果、先発と控えの力が拮抗(きっこう)したチームが生まれた。

選手権優勝を果たし、〝王者〟としての看板を背負う次の世代。その中で今季主力級の働きを見せたのはDF小沼蒼珠と谷川の2年生2人のみ。優勝を経験したメンバーの大半が入れ替わる新チームの実力は未知数だ。

鍵を握る小沼と谷川。今大会、小沼は持ち味の走力を生かし、左サイドバックとして上下動を繰り返し、守備では対人の強さを発揮。タイミングの良いオーバーラップから好機を演出し、ロングスローでも相手に脅威を与えた。

一方、谷川は昨年10月に足の甲を骨折し、全体練習に復帰したのは12月中旬。調整不足が響き、今大会はスタメンを外れた。限られた出場時間で相手のボールを刈り取る〝らしさ〟は見せたが、本領発揮とはならなかった。

中学時代から谷川と同じチームでプレーしてきた小泉は「守備力は彼の特徴。攻撃の技術を向上できれば、さらに良い選手になる」と語る。自身も前回選手権で先発落ちを経験しており、「悔しさを糧に、次は自分の手で優勝をつかんでほしい」と後輩の成長を期待する。

次期主将に意欲を示す谷川は「今以上のチームをつくって3冠を取る」、小沼は「この舞台で見た景色、緊張感を1、2年生に伝えて、勇獅と一緒にチームを引っ張る」と意気込む。

1年前は応援席にいた米谷が今大会で得点王に輝いたように、出番がなかった下級生がいかに奮起できるか。高校世代3冠へ、新チームの戦いは既に始まっている。

背番号22

試合前の写真撮影。青森山田は県予選から決勝までの全試合で背番号22を掲げた。「豪のために」。選手たちは昨年9月に左膝に重傷を負ったDF関口豪に日本一の景色を見せようと一つになった。

センターバックとして今季トップチーム入り。高円宮杯プレミアリーグ8試合に出場した。だが、9月の練習中に左膝前十字靱帯を断裂。プロ選手になるという夢のために手術を選択し、「憧れだった」選手権出場は断念した。

事前合宿や大会期間中は用具の準備や練習着の洗濯などを献身的にこなした。その姿を見てきた山本虎主将は「豪が一番悔しいと思う。自分たちが勝って豪を喜ばせたい」と、自身のユニホームの下に背番号22のユニホームを着てピッチに立ってきた。

日本一を決め、臨んだ表彰式。関口は国立のピッチに立った。けがで流した悔し涙はもうない。最高の仲間ととびきりの笑顔で記念写真に収まった。

日本一になり、仲間たちと歓喜に浸る関口(中央)

正木監督と選手権

28年にわたって青森山田の指揮を執った黒田剛前総監督の後を継ぎ、就任1年余りで日本一の高校監督となった正木昌宣監督は、黒田氏が20歳代半ばで青森山田の監督に就任して間もない時期に活躍した青森山田の快速FW。選手権では1年生で出場した1997年度の第76回大会から3大会連続計5ゴールを記録し、県大会でも勝ったり負けたりを繰り返していた青森山田の草創期を代表する選手として県民の脳裏に焼き付いている。

野球少年だった正木監督がサッカーを始めることになったのも、選手権がきっかけ。札幌市の澄川小4年の冬、2－2の激闘の末に両校優勝となった四日市中央工(三重)対帝京(東京A)の決勝に大きな刺激を受け、「サッカーをやろう」と心に決めたという。

今大会決勝前日の調整後、大勢の報道陣に囲まれた正木監督は「ただサッカーの指導がしたいのではなく、自分の中では選手権で勝ちたいという強い思いがある」と30年以上胸に秘めた思いを吐露。監督として初の選手権優勝を果たした決勝後の記者会見では、「選手権で優勝したいという思いで指導者になった。試行錯誤してやってきたことが報われ、感謝しかない」と感慨深げな表情を見せた。

42年の人生の半分以上を過ごした本県にすっかりなじんだ正木監督。本県サッカーをけん引する存在として、前任の黒田氏以上の活躍を期待せずにはいられない。

決勝前日、報道陣の取材に応じる正木監督

優勝
青森山田（青森）

試合後、選手たちとともに応援歌を合唱し喜びを分かち合う青森山田の応援団

最高の瞬間ありがとう

声枯れるまで応援

「ありがとう」「最高」。2大会ぶりに全国の頂点に立った青森山田イレブン。応援席に詰めかけ、大声援で選手の奮闘を後押しした保護者からは、感謝の声が上がった。

一進一退の試合展開の中、MF福島健太（大阪府出身）が先制ゴールを挙げ一気に流れを引き寄せた。父・永記さん(49)＝大阪府＝は試合後「ありがとうしかない」と涙。「いつも笑顔でプレーする姿を見られてうれしかった」と声を震わせた。

試合後半、青森山田の勝ち越しゴールに歓喜する生徒たち
＝青森市の青森山田高校

後半、1-1から勝ち越しゴールを決めたFW米谷壮史（青森市出身）の父・正明さん(47)も「最高です」と興奮気味。得点については「みんながつないでくれた。決めきれてよかった」とほっとした様子で振り返った。

「きょうはさらにギアを一つ上げていた。気持ちが入っていた」と話すのは主将のDF山本虎（青森市出身）の父・竜治さん（46）。気合の入った守備でピンチを何度も救った大黒柱に「きょうは本当の虎だった。立派な息子。お疲れさま、よくやったと伝えたい」とねぎらった。

青森市の青森山田高校体育館では、生徒や教職員など約１８０人が大スクリーン前でイレブンを応援。後半15分にFW米谷の勝ち越しゴールが決まった時は、総立ちで喜びを爆発させた。試合終了のホイッスルが鳴ると、生徒たちは抱き合って優勝を喜んだ。

青森市の中心街をパレードし、沿道の市民から祝福を受ける青森山田の選手たち＝1月16日

沿道から市民祝福

全国高校サッカー選手権2大会ぶり4度目の優勝を果たした青森山田高校サッカー部が2024年1月16日、青森市の新町通りでパレードを行った。沿道には多くの市民らが駆け付け、高円宮杯U-18（18歳以下）プレミアリーグファイナルと合わせて高校世代2冠を達成したイレブンを大きな拍手と歓声で祝福した。

雪が降る中、正木昌宣監督や主将のDF山本虎、選手権得点王のFW米谷壮史ら、選手権登録メンバーと学校関係者の30人余りが優勝旗やトロフィーを手に、成田本店前から市役所駅前庁舎（アウガ）までの約300メートルをパレード。沿道からは「おめでとう」「あっぱれ」と盛んに歓声が上がり、選手たちは「ありがとうございます」と手を振って応えた。

パレード後はアウガでセレモニーが開かれ、青森市長特別賞が贈られた。主将の山本は「日本一を目指して苦しい練習を乗り越えてきた。最後はみんなで笑って2冠を取れてすごくうれしい」と喜びを語った。

沿道から祝福する市民ら

母校凱旋

母校に凱旋した青森山田の選手たち＝1月9日

2023年10月21日〜11月5日

圧倒9得点 27連覇

日本一奪還へ一歩

AOMORI YAMADA SOCCER

第102回全国高校サッカー選手権県大会は青森山田が野辺地西を9-0で破り、27年連続29回目の優勝を飾った。2大会ぶりの日本一へ。青森山田が確実に第一歩を踏み出した。

7年連続で同じ顔合わせとなった一戦は、青森山田が前半12分、MF杉本の右コーナーキックを主将のDF山本が頭で合わせ先制。高さやフィジカルを生かした攻撃で得点を重ね、前半で7点を挙げた。後半もサイドを起点に攻め続け、杉本、MF芝田が得点。FW米谷がハットトリックを達成するなど、攻守で圧倒した。

県大会は2023年10月21日開幕。青森山田は同時期に開催される高円宮杯プレミアリーグの日程との兼ね合いで、「スーパーシード」として準決勝から登場。八工大一に11-0で快勝した。

準決勝 2023年11月3日
八戸市・プライフーズスタジアム

青森山田 11 (6-0, 5-0) 0 八工大一

▽得点者【青】米谷6、杉本、芝田2、菅澤、小林

決勝 2023年11月5日
青森市・カクヒログループアスレチックスタジアム

青森山田 9 (7-0, 2-0) 0 野辺地西

▽得点者【青】山本、芝田2、米谷3、後藤、川原、杉本

【決勝】前半12分、青森山田はDF山本（左奥④）のヘディングシュートで先制

【準決勝】前半30分、青森山田のFW米谷（右）が自らのシュートのはね返りを押し込みハットトリック達成

【決勝】前半12分、ヘディングシュートで先制
を挙げる青森山田のDF山本（中央左）

3度目日本一

サッカー高校世代最高峰の「高円宮杯 U-18（18歳以下）プレミアリーグ」で東西王者が激突する「ファイナル」は、青森山田（東地区）がサンフレッチェ広島ユース（西地区）を2-1で破り、4年ぶり3度目となるファイナル制覇を果たした。

前半は球際の激しさ、切り替えの速さで互いに譲らず、0-0で折り返した。試合が動いたのは後半4分。青森山田は右サイドを崩されると、ゴール前のこぼれ球をヘディングで押し込まれ先制を許した。その後、セットプレーを起点に何度もゴールに迫ったものの得点は奪えず迎えた45分。左サイドでスローインを獲得すると、DF小沼がゴール前に投じたロングスローが相手GKの指先をかすめ、ネットを揺らした（記録はオウンゴール）。同点に追いつくと、後半アディショナルタイム4分には、途中からピッチに立ったFW津島がゴール前に抜け出し、GKとの1対1を冷静に右足で決めて逆転。直後に試合終了の笛が鳴り、劇的勝利で日本一を手にした。

ファイナル　2023年12月10日　埼玉スタジアム

青森山田（東地区）2　0-0 2-1　1 広島ユース（西地区）

▽得点者【青】OG、津島　【広】井上

土壇場猛攻2得点

NORM
Build94
CLASTY
UNDER ARMOUR
ゴールを決め、チームメートに祝福される津島⑨

高円宮杯 JFA U-18 サッカープレミアリーグ 2023 ファイナル
WINNERS

プレミアリーグファイナルを制し、喜びに沸く選手たち

後半アディショナルタイム4分、FW津島が右足でゴールを決め、2-1と逆転する

「このプレーが終われば試合終了の笛が鳴る」。FW津島は、浮き球のスルーパスを受けると同時にそう思った。「トラップに気持ちを込めた」と、柔らかいタッチでボールに触れ、GKとの1対1を冷静に決めきった。

試合前日の練習。クロスや速攻の練習で、放ったシュートがほぼ全てゴールに決まった。調子の良さを買った正木監督から声がかかったのは後半13分。これまでの試合よりも20分ほど早く出番が来た。「仲間を信じて走れ。点を取ってこい」。指揮官から背中を押されてピッチに立ち、逆転勝利の立役者になった。

昨季は2年生ながら8試合に先発出場。今季は最終学年となり、エースストライカーとしての活躍を誓って挑んだはずだった。だが結果が出ず、ベンチから仲間を鼓舞する試合が続いた。「自分は何をしているんだと思ったこともある」。追い打ちをかけるように10月初旬の試合で鎖骨を骨折。1カ月半離脱した。

治るまで練習はできない―。トレーナーに言われたが「けがをして2日くらいでサッカーがしたくなった」と隠れてボールを蹴り、チームに貢献する自分の姿を想像してきた。

「思い描いた1年間ではなかった。でも最後にチームのために点が取れて、みんなを笑顔にできて良かった」。照れくさそうに喜びをかみしめた。

東地区4度目V

サッカーの高校世代日本一を争う高円宮杯U-18プレミアリーグは2023年12月3日、各地で最終節を行った。東地区首位の青森山田は敵地で9位FC東京ユースと対戦。2-0で勝利し、2大会ぶり4度目の優勝を飾った。

青森山田は前半15分、DF小沼が投じたロングスローのこぼれ球を拾ったMF福島が右足でシュートを決めて先制。同42分には左コーナーキックをショートパスでつなぎ、MF芝田のクロスをニアサイドに飛び込んだDF小林が頭で合わせ、2点差とした。

足元の技術が高いFC東京ユースに攻め込まれる時間帯もあったが、粘り強い守備で対応。前半、自陣ゴール前で打たれたシュートはGK鈴木が右手一本ではじき出す好セーブ。その後は山本、小泉の両DFらを中心に球際やフィジカルで相手を上回り、無失点で試合を終えた。

青森山田は10日、プレミアリーグファイナルで西地区王者のサンフレッチェ広島ユースを2-1で破り、4年ぶり3度目となるファイナル制覇を果たした。

東地区最終節

青森山田 2（2-0、0-0）0 FC東京ユース

最終順位

①青森山田高 勝ち点51②尚志高49③川崎ユース46④柏ユース36⑤市船橋高34⑥流通経大柏高27⑦昌平高26⑧前橋育英高26⑨大宮ユース23⑩FC東京ユース22⑪横浜Mユース17⑫旭川実高10

■高円宮杯U-18プレミアリーグ東地区
青森山田の戦績

節	対戦相手(H:ホーム、A:アウェー)	勝敗	スコア
1	柏ユース(A)	○	5－0
2	横浜Mユース(H)	○	2－0
3	旭川実高(A)	○	3－0
4	FC東京ユース(H)	●	0－2
5	大宮ユース(A)	○	3－1
6	流通経大柏高(H)	○	2－1
7	川崎ユース(A)	△	2－2
8	尚志高(H)	○	3－1
9	市船橋高(A)	△	1－1
10	昌平高(H)	○	5－1
11	前橋育英高(A)	○	2－1
12	旭川実高(H)	○	3－1
13	横浜Mユース(A)	○	4－1
14	柏ユース(H)	●	3－5
15	流通経大柏高(A)	○	3－2
16	大宮ユース(H)	○	3－0
17	川崎ユース(H)	○	2－1
18	尚志高(A)	●	0－2
19	市船橋高(H)	○	2－0
20	前橋育英高(H)	○	2－1
21	昌平高(A)	△	2－2
22	FC東京ユース(A)	○	2－0

16勝3分け3敗：勝ち点51

JAL
TOKYO GAS
ゴールを決め喜ぶDF小林

前半42分、左からのクロスをDF小林②が頭で合わせ2-0とする

JAL
2
TOKYO GAS
4

前半15分、ロングスローのこぼれ球を拾ったMF福島(右端)がゴールを決め先制する

F.C.TOKYO
ELSA
24
16
JAL

青森県知事　宮下 宗一郎

青森山田高等学校サッカー部の皆さん、高円宮杯ＪＦＡ Ｕ-18サッカープレミアリーグ２０２３の優勝に続き、２年ぶり４回目となる全国高等学校サッカー選手権大会での全国制覇、誠におめでとうございます。また、本県のサッカー競技を支える全ての関係者の皆様に、青森県民を代表して感謝と敬意を表するとともに、心からお祝い申し上げます。

全国トップレベルのチームとして、常に注目を浴びるプレッシャーと戦い続けた今シーズン、雪深い地での厳しい練習で鍛え抜かれた強靭なフィジカルと強固な精神力、そして、卓越した技術による多彩な攻撃と鉄壁の守備を柱に、全国の強豪チームとの幾多の激戦を戦い抜いてきました。

「王座奪還」を合言葉に闘志を燃やし臨んだ選手権大会、これまで培った経験を着実に力に変え、一戦一戦で見せてくれた皆さんの勇猛果敢な姿と素晴らしいチームワークは、私も含め多くの県民の心を熱くし、勇気と感動を与えてくれました。

２冠制覇を果たした皆さんの活躍は、県民の誇りであり、本県の未来を担う子どもたちにも、大きな夢と希望を与えてくれたものと確信しています。

この快挙を契機に、本県スポーツのより一層の振興と、本県から全国や世界を舞台に活躍する多くのアスリートが生まれることを祈念し、お祝いの言葉といたします。

ありがとう青森山田高等学校イレブン!!

青森山田学園理事長　岡島 成行

青森山田高校サッカー部は第１０２回全国高校サッカー選手権で優勝を勝ち取りました。昨年秋の高円宮杯Ｕ-18プレミアリーグでの優勝と併せて２冠ですが、特に高校選手権では通算４度目の優勝を果たし、全国に強豪校としての名を轟かせました。

雪の中の練習で鍛え上げ、条件の良い全国各地の高校に打ち勝つということは、サッカーだけでなく様々なハンディを持つ方々に向けての強い応援メッセージになっていると思います。サッカーに勝つという困難さだけでなく、ハンディキャップがあってもそれをバネに大きな飛躍を果たすという強いメッセージを発信しているところに価値があります。

国立競技場などの大舞台で、過去４回の優勝を見てきましたが、青森山田の応援は競技場を二分するほどです。５万人を超える観衆の半分以上が青森山田を声援してくれるのです。関東近辺のチームよりも大きな声援を送られたこともありました。青森山田にそれほどの声援が集まるのも雪国のハンディを乗り越えてきているという事実をサッカー・ファンの方々が知っているからだと思います。

これも青森県民の皆様のあたたかいご支援があるからです。また、若者がその期待に応え、恩返しをしている状況も本当にうれしい限りです。

雪のハンディをプラスに変える。高校生が示してくれた青森の未来について、青森県民の皆様と共有したいと願っています。優勝に至るまでの多大なご支援誠にありがとうございました。

青森山田高校校長　花田 惇

青森山田高等学校は、全国３８４２校が参加した第１０２回全国高校サッカー選手権で４度目の頂点に立つことが出来ました。この優勝は２０２１年度の１００回大会以来２大会ぶりになります。高校世代最高峰の「高円宮杯Ｕ-18（18歳以下）プレミアリーグ」ファイナル優勝と２冠を達成できましたことはこの上ない喜びであります。

黒田前監督に代わった正木監督は重圧を乗り越え19年間のコーチ時代の経験と実績を生かし、変わらぬ底力、完成度の高いチーム作りを見せてくれました。

今大会を振り返ってみますと、飯塚高校、市立船橋高校との２度のＰＫ戦を制した勝負強さ、最後まで諦めない心、冷静さ、サイド攻撃、ＧＫのロングキック、カウンター、ロングスロー、セットプレー、仲間を信じることの大切さ、多彩な攻め手、堅守速攻の総合力で加点し試合を決めてくれました。

また、この選手権において、フェアプレー賞を受賞できましたことは、スポーツマンシップ、つまり「相手を尊重する心」を第一にしてきた本校にとって何よりも嬉しいことの一つであります。

これからも、皆様に勇気と感動を届けられるよう精進して参ります。

これまでの熱いご声援に心から感謝申し上げ、二冠の喜びを皆様と分かち合いたいと思います。応援誠にありがとうございました。

結びに能登半島地震に被災された皆様が少しでも早く安心して生活できるよう、心よりお祈りいたします。

青森市長　西　秀記

青森山田高等学校サッカー部の皆様、2年ぶり4回目の全国高等学校サッカー選手権優勝、誠におめでとうございます。プレミアリーグ2023ファイナルの優勝と合わせ、高校サッカー2冠達成となり、青森市民を代表し心からお祝い申し上げます。

今大会は、正木監督のもと、優勝候補筆頭として各チームから厳しくマークされ、様々なプレッシャーの中で試合に臨まれたと思いますが、雪国での日頃の厳しい練習で培った絶対的なフィジカル、確かな技術と強い精神力、そして抜群のチームワークを存分に発揮され、王者・青森山田らしい圧倒的な戦いぶりに大変感銘を受けました。

また、令和6年1月16日(火)の優勝パレードでは、非常に寒い中ではありましたが、正木監督や選手の皆様方の勇姿を一目見ようと駆けつけた沢山の市民が、鳴り止まぬ声援と手振り旗で健闘を称えていました。

2冠達成を成し遂げた青森山田高等学校サッカー部の皆様の快挙は、多くの市民に勇気と感動を、そして、サッカー少年・少女達に大きな夢を与えてくださいました。本当にありがとうございます。

これを契機に、本市のサッカー競技がますます盛り上がり、将来、全国や世界を舞台に活躍する多くの選手が誕生することを期待しております。

皆様方の今後のご活躍を心から祈念し、お祝いの言葉といたします。

11
14
13
8

東奥日報社代表取締役社長　釆田 正之

青森山田高等学校サッカー部が第102回全国高校サッカー選手権大会で2大会ぶり4度目の優勝を果たしました。またシーズンを通して戦われる高円宮杯U-18プレミアリーグも制し王座を奪還、高校世代2冠を達成されたことをお祝い申し上げます。

部の礎を築き全国屈指の強豪校に育て上げた黒田剛前監督がチームを去り、正木昌宣監督の指導の下での新たなチームづくりは、紆余曲折があったことと推察します。しかし監督、コーチ、選手たちが一丸となって研さんに励み、周囲からの期待やプレッシャーを力に変え、「名門」の意地を見せてくれたことに感動しました。

学園歌「意気と熱(まこと)に」に次の歌詞があります。「我、北方の若人は(中略)山田の園につちかわれ　ゆたかなみのり　期して立つ」。この学園歌を象徴するように1試合ごとに成長し、快挙を成し遂げた青森山田イレブン、そしてご家族、チーム関係者に敬意を表すとともに、さらなる活躍を祈念いたします。

新チーム始動
冬のトレーニングは除雪から＝2024年2月1日